오색찬가 · 어머니

오색찬가·어머니

이명란 제4시집

月刊文學 출판부

인생의 질곡에서 삶이 버거워 죽음도 생각했고, 가난의 굴레가 모질기도 했지만, 아직도 인생은 살아갈 만하다. 할머니는 임종을 지켜보던 손녀에게, "나 죽으면 너 잘살게 해 주마" 하고 약속했고, 아직 하늘나라에서 지켜보시나 보다. 대문호가 태어난다던 믿음, 문인이라면 노벨문학상을 꿈꾸며 정진할 것이다.

이번 제4시집은 『오색찬가·3』, 전자책 『어머니의 강』 중 일부를 영작했고, 「어머니」 최다 시리즈 600여 편 중 몇 편을 작곡해 수록했다. 번역해 주신 박주영 교수님과 예봉 오균영 선생님께 깊은 감사를 드린다.

산다는 것은 마음을 이루는 것, 돈이 많다고 행복한 것도 아니요, 명품을 못 가졌다고 슬퍼할 일도 아니듯, 주어진 일에 진심을 다해 최선을 다하다 보니, 주위의 사랑과 존경을 받는 듯하다.

담양신문에 실은 어머님의 수필 원고와 남편의 「아버지」 시를 가족문집으로 엮어 남편 회갑기념으로 이 책을 바친다. 이 세상에 어머니의 은혜를 다 갚지 못한 것처럼, 가정과 자식 위해 최선을 다한 남편의 위대함에 고개 숙인다.

사는 날까지 이웃에게 봉사하며, 사회복지사로서, 예술가로 최선을 다하리라.

경당서재에서

이명란

차례

5월의 붉은 눈물 3

노래가 있는 곳에 행복이 6

세계는 하나 7

1

예전엔 미처 몰랐지요

어머니 · 28

—영혼의 친구

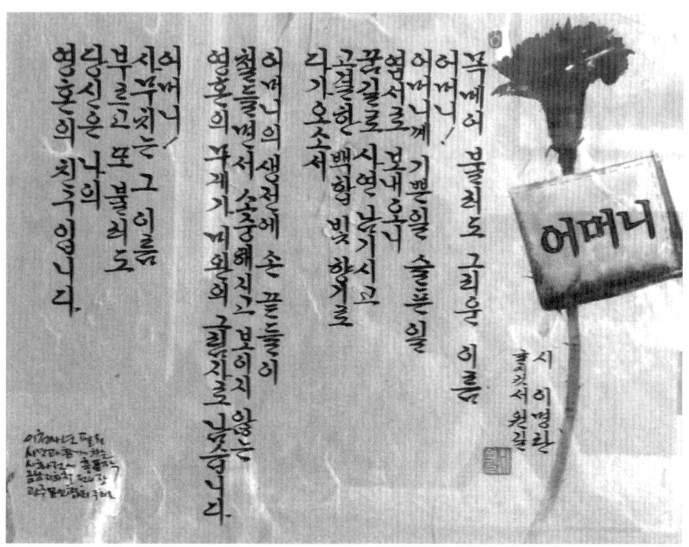

어머니
꿈에서 불러도 그리운 이름
어머니!
어머니께 기쁜일 슬픈일
엽서로 보내오니
꿈길로 사연 남기시고
고결한 백합 빛 향기로
다가오소서
어머니의 생전에 손 끝들이
철들면서 소중해지고 보이지 않는
영혼의 무게가 미완의 그리움으로 남습니다
어머니!
사무치는 그 이름
부르고 또 불러도
당신은 나의
영혼의 친구 입니다.
시 이명란

어머니 · 6

——설화보다 고운 홍매화

설화보다 고운 홍매화
제 살을 깎으면서 피어났다

하늘을 받들 만큼 넓은 어머니
바다에 돌아가면 파도가 한숨 되어
몸 추스릴 줄 모르고 풍파에
시달리신 우리 어머니

모시베 앗아 가며 적삼 만들고
겉보리 디딜방아 찧어 가며
관절 삭는 줄도 모르고
아파하면서도 내색 한 번
못하고 살아오신 어머니

세월 지나 높은 하늘도
푸른 바다도 그대로인데
숨결이 고르지 못한 어머니의
육신은 나약한 우무처럼
변해 버린 우리 어머니.

어머니 · 44

——예전엔 미처 몰랐지요

예전엔 미처 몰랐지요

한 해 농사는 장 담그기와 김장이라 하시며
씨 뿌리고 거두는 데 온 정성 다하여
자식들 배불리 먹여 주셨지만
예전엔 미처 몰랐지요

밥상에 고기반찬 없이 풀(채소)만 먹여 주니
우리가 소새끼냐 투정했지만 지금에 웰빙인 줄
예전엔 미처 몰랐지요

흰 옥양목 정성들여 입혀 주시며 고유의 멋
살리기 위해 편한 옷 만들어 주시면 촌스럽다고
투정했던 그때 건강에 좋은 옷인 줄
예전엔 미처 몰랐지요

첫새벽에 일어나 기도하시고 부지런한 사람과
규칙적인 사람은 건강을 지킨다 했지요
3~5시는 폐(肺)가 움직이고

5~7시는 장(腸)이 움직이고
7~9시는 위(胃)가 움직인다는 사실을
예전엔 미처 몰랐지요

우리 어머니는 학식은 없으셨지만
지혜롭고 현명한 스승인 줄
예전엔 미처 몰랐지요

나의 모태(母胎) 하늘에 천사
등대로 인도해 주신 어머니는
영혼에 마르지 않을 눈물이시니.

어머니 · 51
—오색찬가

마루 모롱이에 오강 떨리는
소리가 꿈결에 들려오는
어머니 냄새 스며 오는 밤

맹간제 동산에 진분홍 흰 철쭉이
묘지 앞을 환하게 웃어 주는 성묫길
어머니의 해맑은 미소로 반겨 주는 듯
『오색찬가』 창간호 시집을 묘비 앞에
올립니다

애절하게 눈물 지으시며 노래 지어
부르시고 "너의 시(詩)가 참 좋구나"
"내 맘에 딱 든다 내 딸 훌륭하고
자랑스럽다!"

어머니는 환하게 떠오를 해오름 맹간제
동산에 흰 철쭉꽃과 벗삼아 꿈길에
드문드문 외출하실 하늘 되신 나의 어머니
그리워 흰 카네이션 올립니다.

어머니 · 101

—은혜

명성 높은 하늘
화가의 채색처럼 순수하다
수채화처럼 번져 가는 훈훈한 인심
의미 있는 삶의 여유
포용력을 내포하는
사랑의 입맞춤

국방의 의무를 마치고 새 일터에서
보람을 찾는 두 아들
쉴 수 있는 보금자리에
불꽃 피울 향기
이 모든 것들이 원초적
사랑.

경당 作 〈향비누장미〉

어머니 · 102
——시간의 연속

"나는 엄마처럼 살지 않을 거야
이게 뭐야"
통바지에 낡은 검정고무신
흙투성이 땀 밴 홍조 띤 얼굴에는
고달픔이 찌들어 있고
허기진 뱃속 어머니는 꽁보리밥에
신김치도 감사하다시며
된장국에 한 사발 말아 드시고
논밭 이랑 일구시며
아프리카 추장의 모습으로
하얀 치아 드러내시며 미소 짓던 어머니

하늘로 소풍 떠나신 어머니는
가난을 대물림 말자며 없는 살림에
공부시켰지만, 시간은 끝없는 노예로
어머니의 연속된 "이게 뭐야"가
대물림되어 살고 있다.

어머니 · 128
—석류

12폭 병풍
혼수 장만해 주시며
다산하라시던 말씀

아들 딸 구별 말고
둘만 낳아 잘 기르자던
가족계획 실천에
두 아들 키웠더니

이젠
인구 부족이라고
많이많이 낳으란다.

경당 作 〈다산〉

어머니
—야화

5월에 신부로 피어난 별빛 사랑
야화로 핀 장미는 이슬 내려놓고
버거운 짐 가슴에 품었다

첫사랑에 흥분했던 기억도
시간이 갈수록 속살 드러내
희미해져 가는 당신의 눈빛은
시한부 인생

화려했던 추억만 남기고
야화로 묻어 내릴
5월의 장미.

어머니
—찾아오는 봄

아지랑이가

기지개를 켜면

내 가슴에 숨쉬는

작은 꽃

곁에 머물러

외로움 토해 내면

몸부림치는 불면증

당신
보고파

허공을 향해 손짓하는

그리운 열병.

어머니

—春雪 · 2

오는 님 막지 못하고
가는 님 잡지 못하니
어찌합니까!

입춘 지나 우수
내년이 멀다고
그리운 미련 백발로 날리나요

많은 설움 쌓여 덥힌다면
당신의 마음으로
잠이 들지요

설화의 뜨거운 정
춘설로 녹아
새 봄을 잉태하실런지요.

어머니 · 219
―밥상

찔레꽃 피던 탁골 밭이랑에는 어머니의
배고픈 설움이 녹아 있다
보릿고개 똥구멍 찢어지게 가난하던 시절
솔잎껍질 송기* 속살에 보리 디딜 찧어
부침개 죽 먹던 시절

봄나물은 생명줄 이어 주는 하늘이 내리신
특혜였던 40년대 척박한 땅에 씨앗종자도
구할 수 없었던 혹한의 세월

한 톨의 쌀도 아껴먹고 나눠먹던 그 시절에
비하면 칼로리는 풍성하고 인스턴트에
길들여진 아이들 거친 음식보다는 편리한
식습관이 현대병의 원인이 되는 시대

꼴도 보기 싫다 하여 꼴두국수요, 강원도
감자떡은 겨우내 씨감자로 언 감자 봉생이*를
밀가루 버무려 어쩌다 먹던 보리밥에 강냉이죽이
요즘의 웰빙식품이라고~.

* 송기: 소나무 속껍질.
* 봉생이: 감자 껍질 벗겨낸 알맹이.

어머니 · 296
—설

설은 '사린다, 사간다'에서 온 말로
조심한다는 뜻과 '섧다'는 슬프다는
뜻이 있다

서럽도록 듣지 못할 둥근 달 품에 안고
젖무덤 찾아가는 설날
그립다 그리워도 울지 못하는 통제된
응어리 풀지 못한 딸자식의 설움

갈증은 한파 속에 고드름처럼 투명하게
비춰 주셨으면 여울목 풀섶*에 안기련만
당신의 빈 자리 명절 같지 않은 설이랍니다.

* 풀섶: 풀숲.

어머니 · 297
―정

정(情)보다 무서운 게 관심이라던가!
위암수술 3년 만에 목숨줄 이어 놓고
받기만 해서 미안하다며 걷지도 못한
허리 유모차에 지탱하고 국산 참기름
뼛속에서 내린 고소함

"설 전에 가져가거라" 모기 소리로
들려주셔 천둥 우는 통화음 따라
혈육의 정 찾아가니
곱게 볶은 참깨 한 봉지 들려 주신
어머니 같은 큰언니.

* 큰언니는 81세로 이별을 고하다.

2

행복의 텃밭

어머니 · 299
——행복의 텃밭

타고난 천성은 변하지 않고
인격이 변할 뿐이란다

어머니는 자신을 희생시켜 가면서도
배려하는 마음 착하고 부지런한
분이셨다

피를 속일 수 없는 자식들
반발과 오해를 받으면서도 꾸준한
사랑과 봉사가 있었기에

이젠
칠판에 적지 않아도 진심을 알아 주고
진정한 믿음의 천사가 되어
오늘도 행복의 텃밭을 향한다.

어머니 · 303
—용서할 수 없는 불효

하늘 높은 죄를 짓고도
허리 숙여 사죄하지 못하고
당신의 그림자는 해를 거듭하면서
되새김으로 달빛에 두고 간 사연을
펼쳐 봅니다

슬프면서도 슬프지 않는 동맥을
끊어 버리고 허탈한 웃음
샛강을 흐르고 있습니다

부모는 열 자식 마다하지 않지만
자식은 한 부모 거절하는 현실
어찌합니까!

용서할 수 없는 불효를 손오공이
휘두르는 요술 방망이처럼
마음대로 만들어 낼 수 있다면
둥근 달 속에 당신을 띄워 보련만.

어머니 · 304
—나는 화가이다

수묵담채로 피어나는 동양화
아니 한국화 한국에 태어나
살면서 그림을 그리니까
한국화 작가*이다

동양 서양을 지칭할 때 서양화는
이질적이고 낯설고 호기심이 있어
새롭다지만

한국화는 전통적 우리 문화와 시대를
지필묵으로 표현하고 한지 위에 스며드는
먹물의 번짐을 느낄 수 있는 쾌감은
화가라서 느낄 수 있는 아름다움이다

한국인이 그려 낼 수 있는 자연을
그림으로 옮겨 보고 나의 철학이나
이념이 녹아 있는 먹색의 조화 속에
그림을 그리는 나는 어머니의 재능을
이어받은 화가이다.

* 시, 서예 화가로 활동 중(프리랜서).

어머니 · 306
―여성 대통령

구들장에 군불 들어와 얼음 녹아내리는 소리
희망 복주머니에 소망 메시지 대통령께 전하니
국민과의 약속 힘을 실어 주는 희망나무가 어머니
품 속에서 알찬 열매 맺으리라

남아선호사상에 여자는 계집애라고 푸대접받고
배우지도 먹지도 입지도 못했던 우리네 풍습
아버지의 뒤를 이어 경제대국을 이끌어 갈
여성 대통령 탄생

비극의 아픈 상처 33년 전의 청와대의 주인이 된
박근혜 대한민국 대통령에게 힘을 실어 승천하는
꿈을 이룰 수 있는 불사조로 태어나길 기도하리라.

* 대한민국 18대 대통령 취임식(2013년 2월 25일).

어머니 · 307
─덩어리

내 이름은 덩어리랍니다
웃음 덩어리
행복 덩어리
봉사 덩어리
배려 덩어리
감사 덩어리
유쾌 상쾌 통쾌 복 덩어리
나를 있게 한 어머니는 사랑 덩어리랍니다.

어머니 · 308
—생명 온도

물이 차면 배가 뜨듯〔水到船浮〕
어머니는 열 달 동안 뱃속에 체온을 유지하며
기적을 탄생시키셨다

아프다는 것은 생명온도를 잃어 가는 신호
내 몸의 건강 온도를 다시 채워 달라는
몸 속의 세포들이 구호 신호를 보내고 있다

속쓰림은 위에 피로와 스트레스로 차가워져 복통을
발가락이 차면 무좀 습진 가려움증 신경통 관절염
류마티스가 나타나고

뱃속이 차가우면 두통과 열 생리통이 생기는 법
내 몸에 욕심을 채우지 말고 내공을 쌓아 기다리면
큰일도 어렵지 않게 이룰 수 있다는 어머니의 말씀.

어머니 · 309
—기원

"삶이 그대를 속일지라도 슬퍼하거나
노하지 말라." 등짐의 무게처럼 곪은
상처 떨어내지 못하고 복받치는 세월
어찌 참고 살았을꼬?

내가 난 자식은 힘들어도 먹일 수 있지만
남의 자식 잘 키워 놓고도 배신당한
검은 짐승 키우지 말라는 구설의 무게는
영혼을 씻어 낼 수 없는 고독이셨다

방황하는 자에게 길을 안내해 주고
배고픈 자에게 밥을 주며 대가 없이
배려하시던 어머니

자식 입에 밥 들어가는 기쁨에 어서 자라
"나같이 고생하지 말고 보란 듯이 잘살아라!"

어머니의 지고지순한 기원 속에 되새김하는
3%의 소금물이 세상을 바꾸고 있다.

어머니 · 310

―행복 찾기

나만의 행복이라고 말할 수 없어요
우리 속에 희로애락(喜怒哀樂)을 느꼈고
고뇌와 환희가 세월의 시간 만큼
이력서에 등재된 상품으로 평가되고

공기의 무게보다 가벼운 속마음이
공중부양하다 속세를 떠나면
참다운 행복을 느낄 수 있을까요?

성실하게 살아온 우리 내 인생
홀로 선 정거장에 얼만큼의 무게로
버텨낼 수 있을지요?

나를 채워 주는 모태의 정신이
살아 있는 동안 탯줄의 행복을
찾기 위해 돌탑을 쌓아 보지요.

어머니 · 311
—사랑탑

몽골군의 격퇴를 기원하며 일자삼배(一字三拜)로
팔만사천육백팔십오 자를 목판에 새기며
730년이 지난 지금에도 벌레 하나 먹지 않고
글자 하나 상하지 않는 팔만대장경

1236년 시작되어 16년에 걸쳐 목판 한 판에
644글자 5200만 자는 세계문화유산으로 지정
"지극한 정성이 하늘까지 움직인다."고
말이 씨가 되었다

어머니의 자식 사랑이 지금 나를 존재하게 하고
유일한 정신유산은 팔만대장경을 만들게 한
우리네 어머니의 사랑탑.

어머니 · 312
—생명의 꽃

인연 따라 가는 우리
무등산에 오르면 어머니의 온정이 있다

연초록으로 피어나는 생명의 노래
빠른 걸음 멈추고 자연과 친구 되어
느린 걸음으로 몸 속에서 요동치는
열기를 품어 낸다

산다는 것은 자연의 순리를 따라
생명온도를 지키는 것이리라.

어머니 · 313
—꽃처럼 피어나는

매화꽃 향기에 생각나는 사람
동성보다 이성을 좋아하지만
설레는 마음으로 노크합니다

밝고 명랑한 당신을 떠올리면
봄에 피어나는 홍매화랍니다

목마름이 온몸을 휘감고 춘설에
핀 꽃은 그리움으로 쌓였나 봅니다.

* 순천 정우하 시인의 전화를 받고…….

어머니 · 314

——봄이 오는 소리

입춘(立春) 사람이 땅에 서서
기다린다는 설 입(立)은 봄을
기다리는 어머니 마음

눈이 녹기도 전에 언 땅을 파고
물꼬를 틀어 흙 속의 기운을
열어 주시며 파종할 시기가
늦어지면 한 해 농사를 수확할 수
없다고 고운 마음으로 푸른 싹
땅심에 사랑을 퍼부었다

겨우내 묵정밭은 어머니 손길 속에
새색시 분칠한 홍조를 띠고
창공에 나는 종달새 소리와 함께

봄나물이 푸릇푸릇 밥상에 오르면
연한 고사리손으로 봄기운 가득한
아지랑이가 몸 속에서 꿈틀거리는
봄이 오는 소리.

어머니 · 315
——사랑

동장군이 땅 기운으로
얼음장 방울 깨워
나뭇가지에 싹을 틔운다

어머니는 사랑을 선물하셨다
마음을 묶어 놓는 사랑
망아지처럼 날뛰던 선머슴 같은
계집애가 수줍음 알았고

개구리 울음소리에 귀 기울이며
백지에 그려질 화폭에
황금분할을 구상하게 되었다

가슴에 울리는 사랑노래는
막이 오른 연극무대에
종달새 지저귐으로
화려한 비행을 하고 있다.

어머니 · 316

—명랑 천사

온 세상이 꽃으로 물든
봄날에 태어난 명란
힘든 이웃과 함께하기
위해 사회복지사 되어
웃음을 전달하고 행복
퍼 주는 눈물 많은
명랑 천사

인간이 자신의 뿌리를
바로세우고 조상을
받들어 민족의 시원을
소중히 하는 생명

삼신 상제님의 원형문화를
귀하고 정의롭게 창의적인
광명세계로 이어나갈 봄의 탄생.

어머니 · 317
—무등산 정상에서

3시간의 공중부양으로 정상에 오르니
가장 아름다운 것들이 눈에 들어온다
춘설의 부드러움 까치발 내닫고
어릴 적 눈사람 만들던 추억

긴 겨울 인고의 한 털어 내고 연한 새싹과
애기단풍의 붉음도 산새 철새 자유로이
노래하는 이름 없는 고요도 아름답다

무등산에 오르니 모두가 발 아래로 보이지만
낮은 자를 무시하고 강한 자에게 질투심을
일으켰던 나는 능력에 미치지 못할 허황된
목표 도달을 위해 시간을 낭비했던 그날을
되돌아본다

어머니의 품 속에서 나를 낮추고 할 수 있는
일에 최선을 다하고 자질이 높은 사람을 칭찬하고
부족한 사람을 채워 주는 사회복지사 되어

공덕은 남에게 베풀고 웃음 나누는 행복전달사는
어머니의 가르침처럼 시대는 변하지만 성공으로
이끄는 지도력을 발휘하고 있다.

* 무등산(천왕봉 인왕봉 지왕봉) 정상에서 은당 경당 민 시인과.

경당 作 〈2013 무등산 승격 기념〉

어머니 · 319
—그늘

삶의 태양 아래 고뇌와 운명의 거리는
얼마나 될까?
민주 국가의 자유 방종 억압 규제
법 앞에 평등하다는 인내천 사상도
평등하지 않는 불평등을 깨부수는
진보파의 함성

4월에는 어머니의 허기진 보릿고개가
빈 쌀독에 꽃향기로 채워져
자식에게도 말 못할 비밀을 삼키며
꽃비 되어 떨어지는 허무한 그늘로
평화를 외치고 있다.

어머니 · 320
—봄날은 간다

연초록이 초록잎으로 무성하면
생각나는 사람이 있습니다
흩날리는 벚꽃 사이로 막내야!
부르시던 어머니의 외침

육신의 낡은 영혼 굳게 잠긴 자물쇠를
열지 못하고 나비 되어 날고픈 봄날의
화사한 꽃술에 젖어 흐르던 눈물이
혼자라는 고독 속에서 얼마나
외로웠을꼬!

어머니는 연분홍 꽃갈 쓰고 봄을 따라
높은 곳을 향하여 꽃탑을 쌓고 계시겠지요!

3

5월의 붉은 눈물

어머니 · 325
—세 글자

어머니 발소리
느린 걸음으로 다가오시더니
오늘은 삐비꽃 피기 전에
메마른 사연 담아 세 글자를
남겨 주신다

그 리 움

꿈을 향해 걷는 길이
가시밭길이라도
도전과 열정을 쏟는
삶의 선물은
봄에 피어나는
세 글자.

경당 作 〈원앙〉

어머니 · 326
—붓꽃

습지에 무리지어 피는 붓꽃은
어머니가 대식솔들 붓심으로
피어내신 보람의 꽃

빚을 토하고도 하고 많은 사연
빈 허공에 소리쳤던 물안개로
머물던 당신

보랏빛 색조는 한숨 소리에 곡조
불안의 크레센도*의 중독성이
무더기로 흔들리면 스침과
번짐의 속타는 어머니 심정을
이제야
아침 햇살로 피어나는 이유는
무엇일까요.

* 크레센도: 악동뮤지션의 특유한 센스로 중독성 있는 멜로디.

어머니 · 327
——땅심 놀이터

등불 밝힌 복주머니는
땅심이셨나 보다
채전밭에 사람이 먹으면
약이 되는 채소
구슬땀 흘리시며 맨발로
일구시던 푸성귀는 어머니의
건강을 지켜 주신 노동치료로
정신을 가다듬고 새로움과
나를 소중히 여기신
땅심 놀이터로 살아오신
어머니.

어머니 · 328
—5월의 초상

하루해가 길다 하시던 어머니는
씨 뿌리고 가꾼 마음 육남매
바른길로 인도하시느라
길고긴 날의 태양빛 열기 속에
타들어 가는 가난이 길었을까!

이젠 마음 걱정하지 않으시고
사람 되라 일러 주지 않으셔도
높은 하늘 만큼 어머니의 희생
은혜로움이 지극정성 촛불에
흘리는 눈물 되어

오늘 나는 어머니를 향한
삐비꽃 동산 백철쭉 한 잎
외로울까 찾아왔습니다.

어머니 · 329

—고귀한 선물

젖은 안개 텃밭에 드리우면
어머니 곱은 손에 약초로
피어나는 아침상

가시에 찔린 피투성이 딱지 진
아픔 쳐다볼 시간도 없이

푸성귀 꽃자리 잡아 자식 입에
넣어 주며 마음의 문이 하늘처럼
열리고 5월의 붉은 눈물 되어

서글픔에 뒤돌아보니 나도
자식 입에 밥 들어가는 정겨움에
피곤한 몸 뒤척이며 어머니의
마음 답습하고 있다.

어머니 · 330

—5 · 18 35주년에

5월의 낮달 그림자 35주년 오늘도
그 눈물은 마르지 않고 있다

얼버무리고 지나가면 용서하리라 생각하겠지만
잊히지 않을 어머니의 피눈물이 뗏장에 무게를
내리지 못해

갖은 수모 다 넘기고 떠나보내지 못할 생이별
막말하던 네 놈들의 짐승 소리를 어찌 잊으리오!

산 자들의 마음 구걸하게 하지 말고
앓던 충치 뽑아내서 안개 낀 역사 홍살문 내려 걸면
충정의 호령 소리 광주 민주 인권 평화의 노래
세계 속에 울려 퍼지리.

어머니 · 354
——애국자

애국자는 누구인가!
나들이 한 번 못하시고 부엌데기로 살아오신 어머니
목이 긴 풀꽃 세워 뙤약볕 이랑에 한숨 풀어 놓고
향기 벗은 밭이랑에 맨살로 비벼대면 쩍쩍 갈라진
거북등 되어 핏빛으로 물든 고뇌

흘린 눈물 만큼이나 자식들은 어머니 마음 알 리 없고
대소 간의 고픈 배를 채워 가며 은빛 머리 휘날리면
억새가 몸을 풀듯 흐무러져 새우잠을 청하시던
우리 어머니

가슴 속 응어리 풀어헤치고 그대 영혼별 되어
자식을 사랑했던 따스한 체온처럼 나의 가슴에
남아 참 웃음을 전해 주신 어머니는 애국자셨다.

어머니 · 355
——인연의 고리

마음이 짠하다
가슴에 뭉클해진 전류가 영상으로
스쳐 가고 편집되지 않는 시간은
고뇌의 연속이었다

인연의 고리가 수묵담채로
여울져 오면 어머니의 한숨 소리로
방황하던 소년은 모성의 우물을
찾아 마당에 들어선다

앞치마 두르신 어머니는 정재문에
내린 밥 타는 냄새로 덫을 놓고
인연의 고리가 목젖에 전해 오면

섧도록 방황했던 그림자가 어머니
젖무덤에 통째로 녹아내린다.

어머니 · 358
—천만 불의 웃음꽃

보름달 떠오르는 첫 새벽
정화수 떠 놓고 빌고 빌던
어머니 염원*

초롱꽃 매달린 6남매
촛불 밝혀 꿈을 열고
세상에 숨어 있던 고귀한
사랑의 마음으로 합장하신다

촛농이 제 몸을 녹일 때까지
뜨거운 열기로 기원하시던 어머니

남아선호사상의 귀한 아들
국가고시 합격해 달라고
지문이 타들어 갈 때까지

탑을 쌓으며 당골래*보다 청산유수
명주실 풀리듯 실눈 뜨고 바라보면 몇 시간째
기도하시던 어머니는 외손자 합격 염원 속에

천만 불의 웃음꽃 피어나라 기원하실 어머니.

* 국가고시 아들을 위한 기도.

* 당골래: 전라도 방언, 단군(제사장적 의미)에서 유래됐다는 설.

어머니 · 360
——무등산 혼령

어머니의 흔적은 무등에 살아 있다
귀한 자식 점지해 주시라 무등산
어둠을 뚫고 가면 호랑이가 길잡이
되어 산신령께 기도해서 낳은 자식

가난이 서러움이라 세끼 밥 먹일 수
없고 6·25 피난살이 섧도록 허기진
빙판 위를 어머니는 헐벗음으로
총탄에 쓰러져 간 죽음을 목전에 두고
겨자씨보다 작은 가슴 조아리며
살아온 세월

어머니의 모성 대물림되어 십 년이 가고
백 년이 가도 빛과 빛이 만나고 하늘과
구름 천둥 불러 소나기 내려도 둥지 속
고요는 한 세상 외로운 정으로 다시 태어나
진한 무등의 젖무덤을 그리며 산다.

어머니 · 359
—생명체

그 무덥던 폭염 열대야도 처서 지나니
조석으로 서늘함에 옷깃을 여민다

구름 따라 바람 따라 인간이 막을 수 없는 진리
하늘이 주신 선물을 사람은 감사할 줄 모르고
환경오염으로 재앙을 부른다

아득한 공간 위로 띄운 별과 입을 맞추고
지구촌 모든 생명체와 교류하고 깃털처럼
가벼운 마음으로 그 영혼과 만나는 날

신비한 하늘의 소리는 귀를 열고
숨이 찬 땅거미들은 어머니 마음으로
되살아나리라.

어머니 · 368
—섬진강 물줄기 따라

섬진강 게 맛을 아느냐!
불변의 비틀거림이 진리가 되어 버린 세상
목구멍이 포도청이라 먹어야 살기에
집게발 곧추세우고 살아가는 우리네 삶

진흙탕에 비틀거린 세월 만큼 고향의
참게 맛을 잃어버린 종종걸음으로
살아온 내 몸 숨 쉴 곳은 어디일까!

섬진강 맑은 물줄기 따라 가을을 노래하고
외로운 영혼 고향 찾아 어머니가 지어 주신
짭조름한 게 껍데기 홀딱 벗겨 고슬고슬한
뜨거운 밥에 게 눈 감추듯 먹어치운 사랑

고향을 바라보면 젖줄 그리운 어머니의
빈 수숫대처럼 게걸음으로 부산하게
힘껏 껴안아 보아도 가슴에 응어리는
자유의 다리를 그리워하며 섬진강
물줄기 따라 흐르고 있다.

* 토지문학제를 찾아서.

어머니 · 369
—선모초

시집살이 3년 동안 아들을 기다리던 조급함에
어머니는 선모초 골단초 가을 뿌리 열매 달여
정성으로 마시라고 먼 길 찾아오신다

걱정의 향기로 다가오신 어머니의 사랑꽃은
그대 향한 하늘빛으로 피어났고 망망대해
항해할 듬직한 두 아들의 효심 또한 풍랑을
막아 줄 만하다

목숨보다 소중한 자식 사랑에 긴 여정 마치고
천상에 정박한 어머니는 꿈길로 사연 남기시고
나의 볼에 구절초 향기 전해 주신다

정갈하고 고결한 순백의 꽃빛처럼 환하게 밝혀 주신
어머니 사랑은 핏줄 질긴 인연의 고리로
등룡산 맹간제 동산에 피어나는 고향의 노래

어머니 · 370
——설움을 간직한 꽃

과수원길 고향에는 주렁주렁 소녀의 꿈이 자란다
먹지도 입지도 못하는 가난 속에서도 빨갛게 익어 가는
능금과 단감 석류의 군침 도는 행복이 있었다

어머니는 첫 새벽 동이 트면 밭에 나가 허리 펼
틈도 없이 알곡을 거두시고 석양노을이 붉은
구릿빛 홍조를 띠며 사랑의 알곡으로 피어나셨다

시집살이 서럽도록 종갓집 맏며느리는 여자의 일생이
가련하기만 했고 부르다가 지쳐 버린 여인의 설움을
간직하며 가족이면서도 물 위에 뜬 기름처럼 한데
어울리지 못하고 시부모 시동생 뒷바라지로 평생을
내 자식 혼내보지 못하고 사셨다

한 가정의 평화를 위해 참고 사셨던 어머니
꽃입술에 붙은 두 알의 흰 밥풀 애절함으로
며느리밥풀 꽃으로 피어난 인내와 가난 속에
말없는 응어리가 달빛 그림자 되어 미소짓는다.

어머니 · 341
—고향 빛 하늘

하늘빛 고향에는 거친 숨 몰아쉬고
태양빛 노을에 힘겹게 한숨 쉬던
어머니의 그리움이 손짓한다

모두가 떠나 버린 그 흔적 찾아 고목이 된
당산 나뭇가지에 어머니의 숨결이 묻어나
추억을 더듬으며 사금팔로 그어 파면
바닥이 갈라져 행여 어머니의 짠 눈물
묻어나지 않을까!

아버지의 도포자락 마을회관을 휘저으면
놀던 아이들 도망가느라 혼쭐이 나고
돌아가 잠든 역마살의 어둔 밤길

몽둥이 모진 매타작에도 애를 태우던
못난 자식은 그리움에 눈시울 적셔 보지만
작은 발길 고향마을에 푸른 하늘은 영원한
그리움으로 가슴을 채우고 있다.

* 몽골어 번역작.

4

작은 소망

박금자
1931년 담양 출생
1948년 전남여고 졸업
1966~1989년 보건사회부 정년퇴임
녹조근정훈장 포상

어머니

대답 없는 그림자
그리운 어머니 세 글자
황혼길에 접어든 딸자식, 꽃밭을 손질하다
어머니 생각에 시름없이 호미들고
눈물만 흘립니다
어머니!
할아버지, 할머니 생전에 어머니의
지극한 효심에 칭찬하신 말씀
너무도 완벽한 사람이라
하느님이 내려주신 며느리라 하셨지요
어머니!
그래도 여자는 부덕을 첫째로 되뇌며
첫 새벽 마음 지어 올리던 정성
이제 마음 놓고 살 만하다 했더니
나라는 두동강 나고 구국운동 참여 속 여운에
어머니와 7남매 두고 가신 아버지
천지가 암흑인 듯 하셨지요
어머니!
아버지 생전에 장남 명문교 보낼 욕심으로

백 시루에 참기름을 지피고 온종일 이웃
할머니 독경 소리 지성과 감천으로 기쁜 소식 듣고
어머니의 심금 울려 이제는 자식 낳아 길러 보니
어머니 노고에 고비마다 눈물집니다.무심코 쳐다본 달력의 6이란 숫자가 불현듯 가슴을 친다.

세월에 묻혀 희미해지리라 생각했건만 나의 삶이 저물어 가니 더욱 그리움에 젖어든다.

언니의 마음

6월은 결코 잊지 못할 아픈 생채기를 남긴 달이다. 벌써 44년전의 새벽녘에 동생은 "언니, 나 간다." 이 한 마디만을 남겨놓고 떠나갔다.

누군가의 감언이설에 속아넘어가 어머니와 형제자매들을 뒤로 말없이 사라진 아리따운 18세 동생, 어머니가 생전에 눈을 감아야 잊을 수 있을까.

모습이 눈에 선하다. 십 년이 몇 번이고 흘렀지만 나는 어느덧 고희를 바라보게 되었으니 무정한 세월, 소식없는 동생이 무심하기만 하다.

어릴 적 유치원 다닐 때 남달리 예능에 소질이 뛰어났던 동생, 지혜롭고 자존심 강하며 고집스럽던 성품, 게다가 애교가 대단해 이웃 사람들에게 귀여움을 듬뿍 받곤 했지. 언니보다 예쁘다는 얘기를 들으며 매사에 우월감을 과시했던 너, 북풍한설이 몰아칠 때면 어머니는 밤 하늘 바라보며 자주 재발하는 편도선염이 도지지 않을까 걱정하시곤 했지. 어머니의 그

속 깊은 사랑을 짐작이나 할지, 뒤도 돌아보지 않고 떠난 네가 행여 불쑥 나타날까 깊은 밤 개 짖는 소리에 남모르게 가슴 조이곤 했단다. 이제는 밉고 좋았던 일 모두 세월 속에 묻자꾸나!

세계가 모두 하나로 국제화가 됐다는데 적십자사를 통해 이산가족 재회가 보도되면 남의 일 같지 않아 하염없이 눈물 흘리곤 했지, 엽서마저도 보낼 수 없어 사랑하는 동생의 이름을 애타게 불렀단다.

나는 직장을 떠난 후 가끔 병원신세를 지고 있지만, 그 옛날 너를 그리며 궁지와 인내로 역경을 참고 기다리겠다. 얼마 전 꿈 속에서 본 너의 말없는 모습이 나의 심금을 또다시 울리는구나. 비록 부모님은 돌아가셨지만, 따뜻하고 포근한 고향산천과 형제자매는 언제라도 너를 반겨 줄 것이다. 몸은 늙어 가도 너와 나는 사랑과 기쁨이 넘치는 6월이 다할 때까지 가깝고도 먼 곳에서 묵념으로 기원하자. 그리고 언제나 희망과 용기를 잃지 않기를 바란다.

* 1997년 6월 이북에 있는 동생을 그리며.

* 이산가족 상봉에서 그리운 동생을 만나다.

나의 삶과 추억

세월이 흐를수록 여자는 추억의 아름다움에 젖어 산다는 말이 있다.

생각은 예나 지금이나 변함이 없지만, 매사 순조롭지 못하고 때로는 서글픈 생각은 젊음과 인생이 저물어 간 현상이 아닐런지~.

그래도 그리웠던 좋은 음악과 웃음꽃이 피어나고 나도 모르게 어깨춤도 일어나고 콧노래도 나오는 것은 아직도 심장에 박동이 있어 나름대로 흥에 겹다.

추억도 가지가지, 즐거움도 있고 아픈 추억도 있지요. 뒤돌아보면 그토록 갈망했던 직장이 완강한 아버지의 반대로 수포로 돌아가고 30대 중반 늦게나마 갖게 된 동기, 두 분이 아니었으면 있을 수도 없고 나의 작은 소망도 성취하지 못했을 것이다.

어릴 적 한 마을에 자라서 학교는 선후배요, 같은 직장도 연

년으로 취직을 하고 보니 마치 한 편의 드라마에 내가 연출하는 기분이 들었다.

그 후 나는 9개월의 교육과 자격증소지 주부에 며느리요 어머니, 인내와 노력 끝에 60년 초반 보건 분야가 본격적인 면모를 갖추면서 국가시책의 하나로 인구 억제가 과도기에 달했다.

먼저 가정방문, 계몽, 권장, 목표와 실적으로 우리의 책임감은 일시에 무거워진 듯 어려운 고비에서 더욱 기억이 생생하기만 했다.

80년 초반 전국 인구 억제 장기근속자 촉진대회가 세종문화회관에서 열렸다. 성공사례는 강원도 요원 묘기를 연출한 본인은 기본 교육도 못 받았단 공옥진 씨 이화여대생이 한때 눈물을 줄줄이 흘렸다는 장면이었다.

옛날 봉건과 자본사회의 시하 층층에서 어려운 역경을 탈피하여 세태가 탈바꿈하는 인생항로를 독특한 묘기와 예술적 가치관으로 표현한 여성의 삶, 짧은 시간이었지만 감탄과 우레 같은 박수, 스스로 고개 숙여져 학술은 첫째지만 경험과 체험 그리고 창의력, 독창력 없이 대중 앞에 도전할 수가 있음을 깨달았다.

나에게는 딸 대신 며느리 넷이 기쁨과 사랑을 안겨 주며 특히 막내며느리는 보건 분야에 근무하면서 보사부 장관상을 받게 되고, 어려운 4년제를 졸업하고 사회복지사 자격증을 안겨주던 날, 꽃다발과 무엇보다 값진 선물은 내게 준 편지 '어머니 감사합니다. 정말 감사합니다. 너무나 감사합니다. 그 동안 어머님의 보살핌이 사랑이 아니었다면 오늘의 제가 있을 수 없을 겁니다!' 대견스럽고 자랑스러워 기쁜 눈물을 한없이 흘렸다.

누구나 지나온 세월마다 사연이 있고, 굽이굽이가 있겠지만 나는 묵은 슬픔과 절망을 모두 세월 속에 묻고 마을 앞 시냇물이 흐르듯, 내 인생도 흐르는 것이리라 여겼다.

여생 뒤로할 때까지 못다 이룬 사랑과 봉사, 자식 그리고 친구 주위에 아낌없이 베풀어 항상 감사하는 행동으로 모범을 보여 살아야 된다는 것도 늦게나마 체험했다. 끝으로 두 분에게 미숙한 3행시로 보답합니다.

김정숙: 김 씨 가문 멍에 가슴에 안고
정숙하고 온화한 모습 팔방미인이시여
숙명적인 지성미 만인이 우러러보네.

서홍순: 서 씨 가문 서운한 게 여자이었던가!
홍치마 자락에 농군이 웬 말인고
순풍에 돛단 듯 승승장구 미산골 만물박사 되었네.

박금자: 박속같이 고운 얼굴 아니었지만
금은보화 귀중하듯 소중한 마음가짐으로
자만심 버리고 열심히 살아왔네.

작은 소망

날짜 가는 줄도 모르고 생활에 쫓기며 지내왔는데 한 장 남은 달력을 보고 있노라니 올해도 다 갔구나 하는 생각이 든다.

지난 한해는 다사다난했던 만큼, 세월 속에 묻혀 말없이 흘러가고 한편 서글픈 감회에 젖어든다. 아침을 먹은 후에 으레 하는 일이라 청소하고 막내가 벗어 놓은 옷가지를 세탁하다 보니 문득 지난일이 떠오른다.

3년 전 아들의 합격 소식을 듣고 학교와 직장 선배의 축하하는 말 중에 "기다리고도 봐야겠네." 하는 말이 나에게는 수만금의 후원보다 더 값진 조언이었다. 돌이켜보면 아이들의 적성을 고려해 진학 문제와 전공 선택 모두가 나에게는 힘겨웠다. 그때 나의 소망은 전공과목의 자격증을 갖추는 것이었다. 그래야만 과학적 발전과 앞서가는 각종 기술진에 도전할 수가 있을 테니까 이런 나의 생각에 아이들은 반대하지 않고 필승을 눈앞에 두고 밤늦도록 책과 열심히 씨름했다. 이런 아이들의 모습을 볼 때 나는 소리 없이 정화수 떠 놓고 두 손 모아 빌어도 보고 마음 속으로 애절한 기도도 했다.

궁지와 인내의 대가로 막내는 자격증 취득과 더불어 공무원 시험에도 합격해 전공을 살려 직장생활을 하게 됐다.

오늘도 '다녀오겠습니다.' 하고 며느리와 출근하는 모습을 보면서 이 소망을 위해 나는 아들에게 희망과 용기를 북돋워 주며 묵묵히 기다렸었다. 이제 공직에 있는 두 아들과 며느리에게 새로운 마음가짐으로 솔선수범하고 업무에 최선을 다하도록 당부하고 싶다. 벌써 85세를 목전에 두고 어릴 적 유치원 시대부터 자애롭게 베풀어 주신 부모님의 사랑을 한 몸에 받으며 세상 모르고 살아왔던 지난 일들이 머리를 떠올라 그 분들의 지극하신 은혜에 감읍(感泣)하면서, 한편 오늘의 이 행복이 있기까지 4형제의 알찬 노력의 대가가 아닌가 생각해 본다. 남은 여생의 작은 소망이라 하면 새해 5월의 푸름과 함께 탄생할 막내며느리의 건강한 아이를 기대하면서 항상 즐겁고 사랑과 기쁨이 넘치는 건강한 가족의 행복을 기원해야 되겠다.

* 1993년 12월 16일 담양신문(2015년 다시 씀)

사랑하는 손자에게

가을이라 하기에는 다소 이른감도 있지만, 흐르는 시간 앞에선 모든게 영원할 수 없나 보다.

연일 최고치를 오르내리는 날씨 속에서 얼마나 더운 여름을 보냈는가를 생각하며 새삼 자연의 신기한 흐름 앞에 스스로 고개가 숙여진다.

지난 여름 불볕더위가 연일 계속되자 나의 스트레스는 극도에 달하고, 종일 울어대는 매미 소리에도 저놈의 매미는 덥지도 않나 하며 짜증이 났고, 손자를 업고 있는 등은 땀으로 흠뻑 젖어 왠지 서글픈 생각마저 드는 반면 지난 여름이 그렇게 지독한 것만도 아니었구나 하는 생각을 한다.

손자의 볼이 불그레 하도록 뽀뽀를 해 주면 저도 기분이 좋은지 방긋방긋 웃는 천진한 모습을 보며 순간적으로 더위와 피로를 잊고 나만이 간직한 행복감에 젖어들면서, 복잡 다난했던 지난날 자식들에게 못다 한 잔정과 사랑을 손자에게 모두 주고 싶었다.

요즘 젊은이답지 않게 부모 의지 없이 경쟁사회에서 행여 뒤떨어질까, 직장과 가정에서 열심히 사는 자랑스러운 아들과 며느리들의 모습을 본다. 한편은 안쓰러우며, 한편은 젊어서 고생은 사서도 한다고 알려 주며 어서 출근하라며 손자를 품에 안으며 손자와 나의 생활을 즐거움으로 여겼고, 오로지 사랑스러운 마음 뿐이었다.

토요일 오후 엄마품에 안기는 손자의 말없는 눈빛이 더욱 활기있고 명랑함에 넘치고, 쾌활한 모습은 모자 간에만 느낄 수 있는 참된 사랑이라고 느끼며, 나의 지난 세월이 아득하게 떠오른다.

지나온 세월마다 가지가지 사연이 있고, 고비고비마다 슬픔과 절망을 이제는 모두 세월 속에 묻고 마을 앞 시냇물이 흐르듯 인생도 흐르는 것이리라.

남은 삶 뒤로할 때까지 자식들에게 못다 이룬 사랑을 손자와 주위에 아낌없이 베풀어 항상 감사하며, 행동으로 모범을 보여 살아야 된다는 것도 고희를 넘긴 몸이지만 손자를 기르면서 이제야 체험했다.

이제 21세기를 향하는 시점에서 새천년에 어울리는 보다 착하고 훌륭한 손자를 길러야지 하며 속마음을 굳게 다짐했다.

사랑하는 손자 담진아! 너를 사랑한다.

1999년 9월

손자 담진이를 사랑하는 할머니가

* 2015년 손자는 군복무 중이다.

5

시련도 도돌이표

정병주(지송)
갑오년 담양 출생
제조업 수출업체 35년 근무
현 (주)한일카본 상무이사

아버지

아버지는 유랑극장을 하셨다
소중한 중고트럭에 영사기 발전기
천막과 깔개를 싣고
전국을 휘돌다가
흥행이 되면 한 고장에서 한장 마당
안 되면 식비 대신 장비를 저당 잡히고
다음 고을 선수금 받아 회수하셨다
아련한 추억 아버지의 인생
치열한 삶으로 도전하셨던
가장의 고뇌를
철들면서 알게 되니
그 시절 그 영화가
그립고 장한 아버지의
담배 냄새를 알 듯하다.

아버지의 꿈

아들이 물어 본다!
아빠 꿈은 무엇이었어요?
나는 내 아버지께 물어나 보았던가!

가신 지 삼 년
꿈 속에서도 한 번쯤
살아생전 닫혔던 대화

물어 보지 못한 말
이순에 들어선 지금
문득 생각이 난다

아버지 따라가면
꼭 물어 보리라
아버지의 꿈은
무엇이었는지!

* 작곡_ 6부 〈아버지의 꿈〉 수록

아버지의 외줄 · 3

이제는 조금씩
이해하게 되네요!
당신의 쓰라린 사연을

무시로 다가온
자식들의 손 벌림
외줄 타는 심정으로
꾸려온 생활

철없던 자식들은
무리 지어 친구들과
패싸움하고 끌려간 자식
자존심 다 버리고
빌고 빌던 당신의 심정

아버지는 4형제를 낳고
나는 두 아들을 두었지만
이제야 힘든 아버지를
이해하게 되네요.

아버지 · 5
—시련도 도돌이표

강요당하지 않을 사회
목구멍이 포도청이다

낡은 폐품으로 생산하라는
갑의 횡포
될 테면 되라는 막말

생사가 달려 있는
가족의 죽음 앞에
태워도 태워지지 않는
시련

백화점에서 명품을 즐기고
고급차에 귀한 대접을 받는
오렌지족들의 화사함

등 따뜻하고 배부르면
만족해야지 하면서도
자식을 생각하면
시련도 대물림되는
도돌이표.

윤회 · 4

대부분 말한다
나는 아버지와 같은
삶을 살지 않겠노라고

세월 흐른 후
반추해 보면
뜻대로 마음대로
될 수 없다는 것을

내 자식들도
나와 같은 생각일까?
돌고 도는 윤회인가!

아버지 · 6

——생의 기로에서

회사가 전쟁터라면
사회는 지옥이다

아버지는 살기위해
손목에 족쇄를 채우고
가족의 생사가 달려 있는
직장에서 고개 숙이고 산다

무덤가에
다 쓰고 남은 주머니
먼지를 만지작거리며

생의 길목에
햇살은 떠나고
어두운 하늘 향해

손사레치면서
대책 없는 마음에 병은
녹슨 철조망의 철거를
기다린다.

아버지 · 7

—갑의 횡포

대설주의보가 내렸다
눈이 오면 개처럼 날 뛰던
옛날이 그립다

할아버지 아버지가 그랬듯이
내가 그랬고 아들이 그림자 되어
빈 속으로 출근하는 첫 새벽

드라마 미생의 장그래처럼
신입사원의 하루살이 꿈은
갑의 횡포

근무외 수당도 받지 못하면서
박봉에 운행버스가 없어 택시로
눈길과 술판에 시달리는
시래기 같은 우리네 아버지.

아버지 · 8
—겨울 강

영화 〈국제시장〉의 열풍이다
6 · 25를 겪었고 4 · 19, 5 · 18 역사의
언저리에 배고픔과 가족을 부양하며
살아온 우리 아버지는 먼 나라에 계신다

현대를 살아가는 아버지는 오늘도
요양병원에서 의식을 잃고 갈랑거리는
숨통에 희망이 뭔지 비극을 모르는
육체의 굴레가 되었다

참 자 유를 갈망하는 우리들의 아버지
방향도 없이 달리는 바람처럼 겨울
강을 건너고 있다.

* 송병완 시인 창평 한마음요양병원에 아내와 다녀와서.

6

노래가 있는 곳에 행복이

어머니 · 28

영혼의 친구
이명관 작시
오관영 작곡
No.
Moderato
목메어 불러도 그리운 이름 어머니
어머니께 기쁜일 슬픈일 엽서로 보내오니
꽃길로 사연 감기시고 고결한 백합빛 향기로 다가 오소서
어머니의 생전에 손끝 울이 철 들면서 소중해지고 보이지 않는
영혼의 무게가 미완의 그림자로 감습니다
어머니 사무치는 그 이름 부르고 또 불러도 당신
은 나의 영혼의 친구 친구입니다 당신
은 나의 영혼의 친구 친구입니다
rit

No.
설 화
이명란 작시
오춘영 작곡
조금 빠르게
무등산 자락에
내 고장에도 눈꽃으로 덮여 있다
시집 보낼 때
설화는 백매화
백목련을 잉태하는가.

어머니·6

어머니 · 112

어머니·516

꽃등 하나
No.
이영란 작시
오권영 작곡
보통 빠르기로
걸림돌이 자식이라면
내마음의걸림돌은
체면과 도덕의 굴레였다
매화꽃 피우리 라
그리운 마음하나
방생하는 꿈을꾸며
D.S

아버지·2

7

세계는 하나

Mother · 28

——A Soul Mate

By Lee Myong-Ran

What a missed word it is
I would like to call it
As much as I am choked in my throat
Mother!

I sent my mother a post card
Writing happy and sad things.
Please let the stories be heard in my dream.
With the elegant fragrance of lilies
Come to me!

Mother's touches
I felt them precious
When I knew better.
The unseen weight of her soul is left over me
Like an incomplete shadow.

Mother!
What a missed name it is.
I repeatedly call it.
Mother, you are my soul mate.

No.
설 화
이영란 작시
오춘영 작곡
조금 빠르게
mf
mp
p
mf rit
내고장에도 눈꽃으로 덮-여있다
솜이불이 덮여져
설-화는 백매-화 백목련을 잉태하는 가.

Snow Flowers

By Lee Myong-Ran

Throw away the anxiety and worries.
The skirt of Mt. Mudeung
And my hometown
Will be covered with snow flowers.

When her mother irrigated cotton fields
To make money for her marriage
Snow flowers covered the whole earth
Fluttering Over Miyoung.

Over the patch of cabbage and radish
Like a cotton blanket
To warm up.

The best real gift
In the world

The Snow flowers got pregnant
With white apricot and magnolia flowers!

어머니 · 6

—설화보다 고운 홍매화

설화보다 더 고운 홍매화
제 살을 깎으면서 피어났다

하늘을 받들 만큼 넓은 어머니
바다에 돌아가면 파도가 한숨 되어
몸 추스릴 줄 모르고 풍파에
시달린 우리 어머니

모시베 잣아 가며 적삼 만들고
겉보리 디딜방아 찧어 가며
관절 삭는 줄도 모르고
아파하면서도 내색 한 번
못하고 살아오신 어머니

세월 지나 높은 하늘도
푸른 바다도 그대로인데
숨결이 고르지 못한 어머니의
육신은 나약한 우무처럼
변해 버린 우리 어머니.

Mother · 6

——Red Apricot Flowers are Prettier Than Snow Flowers

By Lee Myong-Ran

Red apricot flowers are prettier than snow flowers
Bloomed through the dedication of their bodies.

A Mother who is generous to take the sky.
Waves became a sigh in the sea
She was weathered by hardship
And weakened everyday.

She made a summer jacket with ramie fabric
And ground grain on a treadmill
Without recognizing her joints worn thin.
She never expressed her hurt
For her entire life.

Although the high sky and blue sea
Are the same as before,
Her breathing is irregular and rough.
And like gelatin
Her body has became frail.

Mother · 44

—I never realized it before

By Lee Myong-Ran

Love bloomed with snow flakes
I never realized it before.

She said making soy sauce and Kimchi
Is a big event each year.
She made every effort to sow seeds and harvest the results
To feed her children.
I never realized it before.

She feed us vegetables without any meat on the table
We complained about it.
Now we realize it is a wise food for our health.
I never realized it before.

She had us wear white muslin clothes.
It was comfortable and healthy
Even though we complained that it was rustic.
I never realized it was good for health.

She got up early to pray saying that
Diligent and regular people can be in good health.
The lungs start working between 3 and 5 AM
The intestines start moving between 5 and 7 AM
The stomach moves between 7 and 9 AM
I never realized it before.

Although she had little education,
She was a broad and smart teacher.
I never realized it before.

* 어머니 · 44 예전엔 미처 몰랐지요(원문 14페이지).

어머니 · 112
—우담바라꽃

300년의 침묵
정적을 녹아내린 은혜로움이
하늘빛으로 피는 꽃

불면 날아갈 새라 만지면
으스러질 새라 곱게 정성 드려
시집 보내던 날

목화솜 보송보송 신접살이
색동옷에 걸쳐 놓고

바람 앞에 촛불인 듯
애지중지 키워 주신 우담바라꽃*은
나의 어머니

우담바라 꽃은 우리 어머니.

* 우담바라꽃: 3천년에 한 번 핀다는, 낮에는 피지 않고 열매 속에서 피는 상상의 꽃.

Mother · 112

—Udambara

By Lee Myong-Ran

Through 300 years of silence
Benefit melted tranquility
A blue flower bloomed.

She was afraid I would be hurt
When even a thin wind blew.
So I was heartily taken care of by her.

On the day when I married.
For a life in a new home
She made soft fuzzy cotton and wool
rainbow-striped clothes for me.

Like a candle in the wind
I was cared for by my mother like a treasure.
Udambara* is my mother
And it is our mother.

* Udambara is an imaginary flower which blooms once in three thousand years and does not bloom on days even though it produces fruit.

어머니 · 341

—고향 빛 하늘

하늘빛 고향에는 거친 숨 몰아쉬고
태양빛 노을에 힘겹게 한숨 쉬던
어머니의 그리움이 손짓한다

모두가 떠나 버린 그 흔적 찾아 고목이 된
당산 나뭇가지에 어머니의 숨결이 묻어나
추억을 더듬으며 사금팔로 그어 파면
바닥이 갈라져 행여 어머니의 짠 눈물
묻어나지 않을까!

아버지의 도포자락 마을회관을 휘저으면
놀던 아이들 도망가느라 혼쭐 나고
돌아가 잠든 역마살의 어둔 밤길

몽둥이 모진 매타작에도 애를 태우던
못난 자식은 그리움에 눈시울 적셔 보지만
작은 발길 고향마을에 푸른 하늘은 영원한
그리움으로 가슴을 채우고 있다.

* 몽골어 번역작.

Mother · 341

—The Sky with Hometown Hues

By Lee Myong-Ran

Mother sighed deeply under the red-glowing sunset.
Missing her talked to me in signs
In my hometown with a sky blue color.

At the branches of the decayed old Tangsan tree where no one is left,
Mother's breathing was felt.
When they were scratched with potsherd to grope for memory
Her salty tears would be shown!

When her father appeared fluttering in his Korean clothes
At the community center,
Kids were frightened and ran away.
In the dark night of evil fate of not being able to stay in one place
and having to keep moving
We went home for sleep.

She worried about her naughty kid through harsh whipping.
My eyes moistened with the tears of missing her,
And the blue sky of my hometown was filled with
an Eternal longing for her.

* Translated into Mongolian.

Mother · 358

—Full-Bright Smiles

By Lee Myong-Ran

On an early morning with the full-moon rising
She made her wish
With water from the well at daybreak.

For her six children
A candle was lit to open her dream.
With a noble wish hidden and through love for them
She joined her hands in prayer.

Until the candle melted down
She prayed with hot enthusiasm.

Under the tradition of preferring male offspring
So her precious son would pass the national examination,
She prayed until her fingerprints were gone.

She prayed for a few hours building a wish tower.
It was better than one built by the chief priest.

She would also pray for the success of her grand-son
Until a full-bright smile would bloom.

* 어머니 · 358 천만 불의 웃음꽃(원문 56~57페이지).

어머니 · 508
―― 영혼의 고향

다듬이 방망이 소리
멀리서 가까이서 들려온다

저녁연기 폴폴 날리면
방황하던 흔들림

어머니 주름살 펴지고
내 마음 푸른 꿈

행운의 청사진 펼치던 날
박수 소리 만큼 칭찬 받아
돌아오리라 떠난 고향

소망의 열매는
고향 무덤가에
흔적도 없고

흐트러진 마음을 가누어 보지만
어차피 그대의 멍에를
보듬어 주는 어머니는
기다리지 않으리라.

Mother · 508

—Hometown of Soul

By Lee Myong-Ran

The sound of round falling sticks
Were heard in the far distance

Evening fumes were sent out
Lost and shattered

Mother's wrinkles were unfolded
I was full of a blue dream.

On the day when a lucky blue print was made,
I left my home with the decision
To return loaded with honor and applause

The fruits of the wish
Disappeared at her grave
Without any trace.

I managed to control myself,
But mother would not wait for me
Who understands my worry and yoke.

어머니 · 516
―꽃등 하나

걸림돌이 자식이라면
내 마음의 걸림돌은
체면과 도덕의 굴레였다

그 누구의 이름이 아닌
푸른 영혼의 아름다운
꽃등 하나 밝힐 수 있다면

이순이 되기 전에 봄꽃
사군자 펼쳐 마음의 뜰에
매화꽃 피우리!

그리운 마음 하나
어항 속 금붕어를
방생하는 꿈을 꾸며.

Mother · 516

—A flower lamp

By Lee Myong-Ran

If children are barriers,
The barriers to me were
the bridles of decency and ethics.

Not with the names of any others,
If a beautiful flower lamp of blue soul
Could be lit,

I would make apricot flowers bloom
In the field of my heart
Where four gracious plants are planted
Before I came to be sixty!

A missing heart,
Dreaming of releasing gold fish
From captivity in a fish bowl.

아버지의 꿈 · 2

나에게도 꿈이 있었다
어느 날부터 나의 꿈은 공중
부양을 하고 생활고에 돌고
도는 물레방아 꿈 속에서 맴돈다

제조업 30여 년
새벽 별을 보고 달 걸음으로 귀가하면
쇳가루의 열기가 목숨줄 이어가고

검은머리는 이순에 물든 백발로 변해
갈색 병에 녹아 내려 달거리를
한다.

Father's Dream · 2

By Jeong Byong-Joo(Pen name of Jisong)

I had a dream.
From some days ago,
My dream did a somersault.
A water mill of the hardships of life
Kept spinning around in my dream.

I was engaged in manufacturing for about thirty years.
When I returned home watching the early morning moon,
I managed to keep my life with the heat of iron fillings.

My black hair changed to gray in my sixties,
And was melted down
In a brown bottle every month.

아버지 · 5

―시련도 도돌이표

강요당하지 않을 사회
목구멍이 포도청이다

낡은 폐품으로 생산하라는
갑의 횡포
될 테면 되라는 막말

생사가 달려 있는
가족의 죽음 앞에
태워도 태워지지 않는
시련

백화점에서 명품을 즐기고
고급차에 귀한 대접을 받는
오렌지족들의 화사함

등 따뜻하고 배부르면
만족해야지 하면서도
자식을 생각하면
시련도 대물림되는
도돌이표.

Father · 5

—Repeat mark for hardships

By Jeong Byong-Joo(Pen name of Jisong)

In society without cohesion
The hungry belly had no ears.

The boss oppressed and made things with rubbish
We dared to be rough of speech.

Even before the death of our family members
Our ordeals never burnt down

The rich enjoyed fine articles at department stores
and were treated nobly with fine tea.
They looked colorful.

Although I decided to be satisfied
When I was full and not cold,
I sighed
Thinking my children would repeat this hardship.

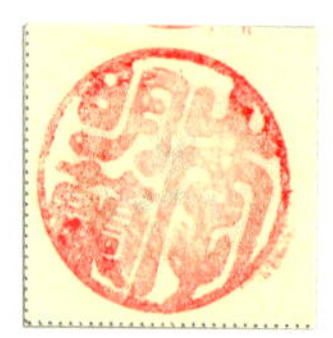

이명란 제4시집_ 오색찬가 · 어머니

초판 인쇄 | 2015년 5월 5일
초판 발행 | 2015년 5월 8일

지 은 이 | 이명란
발 행 인 | 문효치
편집국장 | 김밝은

펴낸곳 | 사단법인 한국문인협회 月刊文學 출판부
주소 | 서울시 양천구 목동서로 225 대한민국예술인센터 1017호
전화 | 02-744-8046~7
팩스 | 02-743-5174
이메일 | klwa95@hanmail.net
등록 | 2011년 3월 11일 제2011-000081호
ISBN 978-89-6138-302-8 03810

값 10,000원